Dirección editorial M.ª Jesús Díaz

Texto Mariano González y Roberto Blanco
Revisión Isabel López
Cartografía Francisco M. Queipo
Infografías Manuel V. Tamariz
Diseño y maquetación Boca Multimedia
Diseño de colección José Delicado

© SUSAETA EDICIONES S.A.
C/ Campezo, 13 - 28022 Madrid
Tel.: 91 3009100
www.susaeta.com

D.L.: M-6105-2024

el **placer** de **LEER** CON *SUSAETA*

ÁFRICA
ESPAÑOLA

Texto de Mariano González
y Roberto Blanco

PROTAGONISTAS

Aníbal (247-183 a. C.)

Líder militar cartaginés que conquistó gran parte de la península ibérica y desafió el poder romano con ayuda de su ejército hispanoafricano.

Abderramán III (891-961)

Restauró el poder del califato de Córdoba y lo llevó a su momento de mayor esplendor político, económico y cultural. Su influencia llegó al norte de África.

Cardenal Cisneros (1436-1517)

Regente de la Corona de Castilla tras la muerte de Isabel la Católica. Impulsó la cruzada contra los musulmanes en el norte de África.

Conde de Floridablanca (1728-1808)

En 1777, en tiempos de Carlos III, firmó el tratado San Ildefonso, por el que España pasó a controlar Guinea Ecuatorial.

Emilio Bonelli (1854-1926)

Militar y explorador, fue responsable del establecimiento del protectorado en el Sáhara Occidental o español.

Manuel Fernández Silvestre (1871-1921)

Militar activo en la guerra de Marruecos. Se le atribuye una gran responsabilidad en el conocido desastre de Annual de 1921.

Abd el-Krim (1882-1963)

Político y líder militar rifeño, encabezó la resistencia contra las colonias de España y Francia. En 1924, proclamó la República del Rif.

Fernando Capaz (1894-1936)

Militar español que en 1934 comenzó el asentamiento en Ifni después de numerosos intentos fallidos.

Índice

Introducción

La vinculación entre España y el continente africano se remonta a tiempos remotos de la historia. Los flujos migratorios, económicos, sociopolíticos y culturales entre ambas han sido constantes e intensos hasta la actualidad.

Tras la pérdida de las posesiones americanas en el siglo XIX, España centró sus objetivos internacionales en el control de determinadas zonas de África, como el norte de Marruecos, el Sáhara Occidental o Guinea Ecuatorial, y realizó un importante esfuerzo colonizador cuya huella aún pervive hoy en día. Es lo que se denominó durante mucho tiempo «el África española».

Cronología del África española

ANTIGÜEDAD	EDAD MEDIA	SIGLOS XIV-XV	SIGLO XVI
1100 a. C. Fundación de Gades	**551-555** Ocupación bizantina del Estrecho	**1329** Los benimerines toman Algeciras	**1509** El Cardenal Cisneros toma Orán
237 a. C. Paso del ejército de Amílcar de África a la Península	**642-710** Conquista árabe del Magreb	**1340** Victoria de Alfonso XI en el río Salado	**1517** Fundación de la Regencia de Argel
202 a. C. Batalla de Zama	**711** Derrota visigoda en Guadalete	**1402** Conquista de Lanzarote por aventureros normandos	**1535** Conquista de Túnez por Carlos V
15-24 d. C. Rebelión de Tacfarinas		**1415** Conquista portuguesa de Ceuta	**1541** Desastre de Argel
	929 Fundación del califato de Córdoba		**1560** Derrota española en Los Gelves
	1125 Fundación del Imperio almohade		**1571** Victoria de Lepanto
171 Incursión de los mauros en la Península	**1212** Victoria cristiana de las Navas de Tolosa		**1578** Batalla de Alcazarquivir y muerte del rey portugués
293 Creación de la diócesis de Hispania	**1291** Pacto de Monteagudo entre Castilla y Aragón	**1444** Navegantes portugueses alcanzan las bocas del Senegal	
409 Invasiones germánicas en Hispania		**1497** Conquista de Melilla	

Fechas históricas de la presencia española en África

SIGLO XVII	SIGLO XVIII	SIGLO XIX	SIGLO XX
1609 Expulsión de los moriscos de España	**1727** Fin del gran sitio de Ceuta	**1843** Fundación de Santa Isabel en la isla de Fernando Poo	**1904** Convenio hispanofrancés sobre Marruecos
1626 Fundación de la República de Salé	**1732** Reconquista de las plazas de Orán y Mazalquivir	Ataque de cabilas sobre Melilla	**1909** Guerra de Melilla
1640 Ceuta se mantiene fiel a la monarquía de Felipe IV	**1774-1775** Asedio de Melilla	**1848** Ocupación de Chafarinas	**1912** Tratado de Fez (protectorados francés y español en Marruecos)
1673 Ocupación de los islotes de Alhucemas	**1778** Expedición española para tomar posesión de Guinea Ecuatorial	**1859-1860** Guerra de África	**1926** Creación de la colonia de Guinea Ecuatorial
1689 Pérdida del presidio de Larache	**1790-1791** Sitio de Ceuta	**1884** Protectorado español en el Sáhara	**1956** Independencia del protectorado en Marruecos
1694 Se inicia el gran sitio de Ceuta	**1792** Cesión de los presidios de Orán y Mazalquivir tras un devastador terremoto	**1884-1885** Conferencia de Berlín	**1957-1958** Guerra de Ifni-Sáhara
		1885 Protectorado español de Río Muni	**1968** Independencia de Guinea Ecuatorial
		1893 Guerra de Margallo	**1969** Entrega de Ifni a Marruecos
			1975 Marruecos ocupa el Sáhara

La península ibérica y África hasta la Edad Moderna

Durante la Prehistoria el contacto entre el continente africano y la península ibérica se vio obstaculizado por el estrecho de Gibraltar, hasta que la navegación convirtió lo que era una barrera en una gran vía de contacto. El desarrollo de las embarcaciones vino de la

España, puente entre dos continentes

A lo largo de la historia, la posición geoestratégica de España ha servido para proyectar su influencia tanto en Europa como en África.

mano de las primeras civilizaciones. Más de mil años antes de Cristo, pueblos como los fenicios pusieron en contacto las costas asiáticas, africanas y europeas a través de puertos como Gadir (Cádiz), con intención de acceder a las supuestas riquezas de reinos míticos como el de Tartessos, al sur de la Península.

Trirreme. *Este tipo de barco dominó durante siglos las aguas del Mediterráneo.*

Entre Cartago y Roma

Muy pronto estuvo claro que el control del Estrecho era clave para explotar las riquezas africanas y peninsulares. A los fenicios les sucedieron los cartagineses que, de la mano de la familia de los Barca, expandieron el poder de Cartago desde el norte de África hasta el sur de

la Península, donde fundaron Cartago Nova (Cartagena), y desafiaron a una potencia en expansión: Roma.

Fue en la península ibérica donde dos potencias mediterráneas, una europea y otra africana, iniciaron un conflicto, la segunda guerra púnica, en el que el líder cartaginés Aníbal, al frente de un ejército combinado de soldados africanos e ibéricos, estuvo a punto de doblegar a la poderosa Roma.

Puerto de Cartago. *El puerto circular de la metrópoli cartaginesa era el corazón de su poderosa flota.*

Sin embargo, su derrota trajo consigo el dominio romano de la Península y el Estrecho, y poco después la destrucción de Cartago.

Loba capitolina. *Símbolo del nacimiento de una urbe, Roma, que terminó convirtiéndose en un gran imperio.*

La república romana unificó el Mediterráneo occidental, que pasaría a denominarse *Mare nostrum* cuando completó su dominio total. A partir de entonces los contactos entre África y la Península se multiplicaron y el comercio llegó hasta Canarias.

Espolón. *Esta prolongación de la proa servía a las trirremes para embestir otras naves y hundirlas.*

BRITANOS

BÁT[...]

MENAPIOS

NERVIOS

TRVE[...]

VELOCASIOS

CARNUTOS

SENONES

BITURIGES

HEDUOS

SANTONES

OCÉANO ATLÁNTICO

MAR CANTÁBRICO

BITURIGES

INSUBROS

VOLCOS

Massilia

M[...]

CÁNTABROS

VASCONES

Narbo

CELTÍBEROS

ILERGETES

Rodas

GALAICOS

VACCEOS

OLCADES

Emporio

CO[...]

VETONES

CARPETANOS

EDETANOS

Dertosa

Tarraco

LUSITANOS

ORETANOS

Sagunto
(-219)

IS. BALEARES

Baeculo
(-208) ✗

BASTETANOS

Ebussus

Ilipa
(-206) ✗

Akra Leuke

CUNEOS

TURDETANOS

Cartago Nova

Saldae

Gades

Malaka

Abdera

Cartenna

Lixus

Russadir

Siga

NÚMIDAS

MAUROS

GARAMANTES

C. Rhir

Segunda guerra púnica (218-201 a. C.)

GERMANOS

VOLSCOS

BOIOS

BASTARNOS

NÓRICOS

VÉNETOS

ISTRIOS

ESCORDISCOS

ILIRIOS

centia

Pisa

Ancona

Trasimeno
(-217)

MAR ADRIÁTICO

Iamón

Roma

LACIO

Lissos

Cannas
(-216)

Capua

Brindisi

Apollonia

Nápoles

LUCANIA

EÑA

Crotona

Tarento

MAR TIRRENO

KORKIRA

Panormos

Messina

Drepanon

Reggio

Hippo

SICILIA

Cartago

Siracusa

MAR JÓNICO

MALTA

Retirada de Aníbal (-203)

m

Leptis Minor

MAR MEDITERRÁNEO

Sabratha

Leptis Magna

Oea

Charax

LIBIOS

LEYENDA

Territorio romano

Territorio cartaginés

Territorio de Massilia,
aliada de Roma

→ Campañas cartaginesas

→ Campañas romanas

✗ Victorias cartaginesas

✗ Victorias romanas

Un espacio en disputa: bizantinos, musulmanes y reinos cristianos

La caída del Imperio romano occidental en el siglo V supuso la ruptura de la relación entre ambas orillas, ya que la provincia de Hispania quedó en manos de los visigodos, mientras que la orilla africana volvió a ser dominada por los pueblos bereberes. Fueron los bizantinos

los que, en el siglo siguiente, al inicio de la Edad Media, volvieron a vincular ambas orillas hasta la llegada de un nuevo poder surgido en Oriente: el islam.

En el año 711, después de tomar Ceuta, contingentes islámicos del Imperio omeya desembarcaron en la Península y en apenas cinco años acabaron con el reino visigodo.

A partir de ese momento, otra vez la Península, convertida en Al-Ándalus, y el norte de África estuvieron controlados por un mismo poder y formaron parte de *Dar al-Islam*, es decir, del mundo islámico.

Muza. *Junto con Tariq, lideró la conquista musulmana del reino visigodo, que pasó a formar parte del Imperio omeya.*

Los vínculos culturales y económicos entre los territorios africanos y peninsulares islámicos se fueron incrementando. Sin embargo, la unidad política fue breve, porque pronto surgieron en Al-Ándalus el emirato independiente y, más tarde, el califato omeya, que operaron de forma autónoma y que incluso irradiaron su poder al norte de África, sobre todo en la época de Abderramán III.

La desaparición del califato propició, por una parte, el avance de los reinos cristianos del norte y, por otra, una nueva influencia norteafricana de la mano de los imperios almorávides y almohades magrebís, que se hicieron con los territorios musulmanes de Al-Ándalus.

El avance de los reinos cristianos resultó imparable tras la batalla de las Navas de Tolosa en 1212 y la derrota de los almohades. Las coronas castellana, aragonesa y portuguesa proyectaron entonces su poder en el estrecho de Gibraltar y África.

Almogávares.
Estas unidades militares de la Corona aragonesa ayudaron a extender su influencia gracias a líderes como Roger de Flor. Óleo de Ferrer-Dalmau.

El Imperio español en África durante la Edad Moderna

La unión de las coronas de Castilla y Aragón mediante el matrimonio de los Reyes Católicos tuvo como primera acción conjunta la toma del último enclave musulmán en la Península: el reino de Granada. El 2 de enero de 1492 el último rey nazarí, Boabdil, entregaba las llaves de la ciudad a Isabel y Fernando. Con todo, la caída del último territorio musulmán no supuso el fin del conflicto.

Isabel y Fernando.
El control del norte de África fue de gran interés para los Reyes Católicos.

La conquista de las islas Canarias

Las Islas Afortunadas ya eran conocidas por los comerciantes de la Antigüedad, pero no fue hasta finales de la Edad Media cuando el archipiélago volvió a integrarse en las rutas comerciales. Los habitantes de las islas habían vivido aislados durante muchos siglos y desarrollaron sociedades gobernadas por reyes locales en las islas más grandes y jefes de tribus en las más pequeñas. En el siglo XV los aventureros Jean de Béthencourt y Gadifer de la Salle organizaron una expedición en nombre de Castilla. Llegaron a Lanzarote en 1402 y sometieron a los indígenas de la isla para después pasar a Fuerteventura y hacerse con el control de la población local, que convirtieron al cristianismo. También sometieron la pequeña isla de El Hierro en 1405 e hicieron esclavos a los aborígenes.

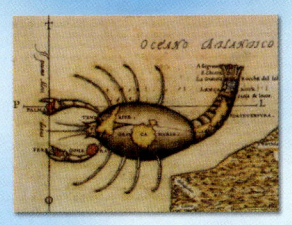

En el Tratado de Alcazobas con Portugal se reconoció la soberanía castellana de Canarias y fueron los propios Reyes Católicos los que impulsaron el control del archipiélago.

Los castellanos conquistaron la isla de Gran Canaria tras derrotar al líder indígena Doramas, al que vencieron en la batalla de Arucas, aunque la isla no fue totalmente controlada hasta 1483, cuando se logró su dominio completo.

El conquistador Alonso Fernández de Lugo se hizo con el control de La Palma entre 1492 y 1493, y posteriormente de la isla de Tenerife, tras vencer a los guanches en la batalla de Aguere o de La Laguna. En 1496 finalizó la conquista de Tenerife y con ello el control definitivo de Canarias pasó a la monarquía hispana.

LEYENDA
→ Conquistador
✗ Batalla
🔥 Rebelión
[] Pueblos aborígenes canarios

OCÉANO ATLÁNTICO

ISLAS CANARIAS

Béthencourt y La Salle (1402)

Alonso Fernández de Lugo (1492-1493)

Alonso Fernández de Lugo (1494-1496)

Juan Rejón Pedro de Vera (1478-1483)

Lanzarote
[Majos]

La Palma
[Auaritas]

Tenerife
[Guanches]

Acentejo

Aguere

Fuerteventura
[Majoreros]

Hernán Peraza (1445-1447)

Gran Canaria
[Canarios]

Arucas

El Hierro
[Bimbaches]

Gomera
[Gomeros]

Béthencourt y La Salle (1405)

ÁFRICA

El sueño de una África española

Ciudades como Melilla se habían convertido en refugio de piratas que hostigaban la costa española y el tráfico comercial en el Estrecho. Juan Alonso de Guzmán, duque de Medina-Sidonia,

El cardenal Cisneros (1436-1517)

Tras la muerte de la reina Isabel, fue proclamado regente el cardenal Cisneros, quien impulsó la cruzada en el norte de África. El primer éxito fue la conquista de Mazalquivir, en la actual Argelia, en 1505, y en 1508 se tómo el peñón de Vélez de la Gomera cerca de Melilla.

Al año siguiente Cisneros lideró una enorme fuerza que terminó por tomar la importante ciudad argelina de Orán. El propio Cisneros entró en la ciudad y liberó a los esclavos cristianos. Bajo su liderazgo se conquistaron más enclaves en el norte de África, aunque nunca se llegó a alcanzar su meta final: recuperar Jerusalén para la cristiandad.

Operaciones anfibias. *Ejércitos hispanos desembarcan en el norte de África.*

promovió su ocupación y envió a su hombre de confianza, Pedro de Estopiñán, con cerca de cinco mil hombres, a conquistarla. La noche del 17 de septiembre de 1497 tomaron la plaza melillense en una afortunada ofensiva.

Carlos I

En 1517 con el inicio del reinado de Carlos I, el poder hispano en el norte de África llegó a su cumbre. Sin embargo, la marea cambió cuando los

sultanes otomanos, que habían conquistado Constantinopla, ampliaron su poder en el Mediterráneo, aliados con los corsarios Barbarroja. Estos convirtieron Argel en una poderosa base desde la que los piratas berberiscos asolaron el comercio y las costas españolas. Estos continuos ataques obligaron al emperador Carlos a impulsar la construcción de defensas costeras. Sin embargo, el poder de los corsarios siguió aumentando, por lo que el emperador pasó a la ofensiva con la

Cervantes en Lepanto.
Óleo de Ferrer-Dalmau.

26

conquista de Túnez en 1535. Esta victoria animó al emperador a intentar acabar con los Barbarroja asaltando Argel en 1541. En la expedición participó el propio emperador, pero acabó en una sangrienta derrota.

El rey Felipe II siguió enfrentándose a los otomanos y los corsarios. Sufrió fracasos notables, como en Los Gelves, donde la armada española fue aniquilada. Las tornas cambiaron con la victoria de Juan de Austria en la batalla de Lepanto en 1571. Agotados por las luchas, el Imperio español y el otomano firmaron una tregua.

La torre de las Calaveras. *Tras la derrota de España en Los Gelves, sus enemigos otomanos hicieron una torre con los huesos y cráneos de los caídos.*

Expansión de la Monarquía Hispánica en el sur del Mediterráneo (1497-1578)

Carlos I

Felipe II

MAR CANTÁBRICO

OCÉANO ATLÁNTICO

Toulouse

Montpellier

Génova

Ven

Niza

Marsella

CÓRCEGA

MAR TI

Barcelona

Madrid

MALLORCA

CERDEÑA

Lisboa

Denia

Cagliari

Sevilla

Cartagena

Almería

Peñón de Argel

Bona

Bizerta

La G

Cádiz

Málaga

Mostaganem

Argel
✗ 1541

Bugía

✗ 1535

Tú

Tánger

Ceuta

Melilla

Orán

Lixus

Mazalquivir

TÚNEZ
HAFSÍ

M

Vélez de la Gomera

Cazaza

TREMECÉN

Isla de
Djerba
Los Gelve
✗ 1510-15

Fez

REGENCIA
DE
ARGEL

Marrakech

SULTANATO
WATTÁSIDA 1471-1549
SAADÍ 1549-1659

LEYENDA

⚓ *Bases navales en España*
● *Plazas en el norte de África*
✖ *Victoria musulmana*
✖ *Victoria cristiana*
▇ *Influencia otomana*
▇ *Territorio en disputa*
━ *Frontera Imperio otomano*

Solimán el Magnífico

MAR NEGRO

Selim II

ÁPOLES   Bari

MAR ADRIÁTICO

Constantinopla

IMPERIO OTOMANO

rmo   Messina

Lepanto
1571 ✖

✖ 1565

MALTA

MAR MEDITERRÁNEO

Rodas
✖ 1522

✖ 1571
Famagusta

CRETA

CHIPRE

oli

Bengasi

Alejandría

ANIA

El Cairo

EGIPTO
MAMELUCOS

La ampliación del Imperio: la unión con Portugal

En 1580, la muerte en Marruecos del monarca portugués Sebastián I permitió a Felipe II el ascenso al trono de Portugal y a su gran imperio africano.

El imperio portugués se extendía por las costas africanas y tenía como centro el golfo de Guinea, que era esencial para el tráfico de esclavos. Felipe II y sus sucesores, Felipe III y Felipe IV, fortificaron estos territorios frente a los numerosos enemigos que atacaban las

Cañón portugués.
El Imperio portugués heredado por Felipe II se vio obligado a aumentar las fortificaciones ante la aparición de nuevos enemigos, como holandeses e ingleses.

MADEIRA

CANARIAS

CABO
VERDE

FERNANDO POO

SANTO TOMÉ

LUANDA

SANTA ELENA

ZANZÍBAR

MOZAMBIQUE

Posesiones africanas
de Felipe II

Instrumentos.
*Reloj de sol para la
navegación.*

posesiones del Imperio
donde no se ponía el sol: holandeses,
ingleses, franceses... A ellos se unieron
los piratas y corsarios procedentes de
las costas de Marruecos, que incluso
asaltaron las islas Canarias.

El declive del imperio en África

En 1640, en plena crisis de la Monarquía hispánica, Portugal proclamó su independencia junto con sus antiguas posesiones, excepto la ciudad de Ceuta, que se mantuvo leal a Felipe IV. A finales del siglo XVII la presencia

Infografía. *Manuel V. Tamariz.*

El gran sitio de Ceuta
(1694-1727)

Reconquista de Orán.
En 1732 una expedición al mando de José Carrillo de Albornoz reconquistó para la Corona española las plazas de Orán y Mazalquivir.

española en África quedaba limitada a unos pocos enclaves bajo presión del sultán marroquí, como Ceuta, que tuvo que soportar un asedio interminable.

Tras la victoria de los Borbones en la guerra de Sucesión, Felipe V recuperó las plazas de Orán y Mazalquivir, arrebatadas anteriormente por los otomanos. Este éxito fue el «canto del cisne» de la presencia española en Argelia, ya que a finales del siglo XVIII se abandonaron estas posesiones por la incapacidad de la Corona para sostenerlas.

Guinea Ecuatorial: una colonia española en el África tropical

Hasta el siglo XVIII, el golfo de Guinea había sido un área de expansión portuguesa por su importancia en la ruta hacia la India y el lucrativo negocio del tráfico de esclavos. En 1777, los derechos sobre las islas de Fernando Poo y Annobón fueron cedidos a España mediante el tratado de San Ildefonso. Esto permitió tener una base para el comercio de esclavos con las posesiones americanas. No obstante, la falta de recursos y las enfermedades tropicales diezmaron las primeras expediciones españolas.

La trata de esclavos

El tráfico de esclavos en la costa atlántica del África subsahariana lo iniciaron los portugueses a mediados del siglo XV y recibió un impulso decisivo con el descubrimiento de América. Así, cientos de miles de esclavos fueron conducidos de su África natal al territorio americano para trabajar en la agricultura tropical. El denominado «negro africano» o «bozal» era el esclavo más apreciado, ya que su fuerza había quedado demostrada al sobrevivir a la captura y a un viaje en condiciones infrahumanas a través del Atlántico. En el siglo XVIII la trata experimentó un auge considerable, al incrementarse la extensión de cultivos de plantación, como la caña de azúcar o el tabaco. A mediados de siglo la Corona española vio en los territorios guineanos una oportunidad para controlar el tráfico negrero y acabar con el predominio británico y portugués en este lucrativo negocio.

Misioneros y plantaciones

Hasta mediados del siglo XIX España no volvió a tener interés por este territorio. Tras expulsar de Fernando Poo a los comerciantes británicos en 1843 se fundó Santa Isabel. Los españoles se asentaron también en el continente, en la provincia de Río Muni. La colonización avanzó lentamente. Los que más contribuyeron fueron los misioneros, que impulsaron la agricultura de plantación, lo que se tradujo en un incremento de las cosechas y la llegada de colonos.

En los inicios del siglo XX hubo un interés creciente de empresas y colonos españoles. La colonización española se fue consolidando; se creó una

Infografía. *Manuel V. Tamariz.*

36

infraestructura económica con grandes plantaciones de cacao y se puso en marcha el establecimiento de una notable red de instalaciones sanitarias, educativas y vías de comunicación.

De provincia española a país independiente

Al inicio de la guerra civil española, la colonia fue fiel al Gobierno republicano, pero a los pocos meses el control del territorio pasó al bando franquista. Tras el conflicto civil, continuó el desarrollo económico de la colonia. El impulso de las plantaciones de cacao supuso la expropiación de terrenos a los nativos y por primera vez aparecieron movimientos a favor de la independencia. En 1959 Guinea se convirtió en Región Ecuatorial Española, pero la presión a favor de la independencia no dejó de aumentar.

Salacot.
Cubrecabezas típico de los espacios tropicales.

Iª ELOBEYES
I. ANNOBÓN
GUINEA
I. CORISCO
I. FERNANDO POO
PORTUGAL

EXTENSION DE LOS TERRITORIOS ESPAÑOLES DEL GOLFO DE GUINEA COMPARADOS CON LA SUPERFICIE TOTAL DE LA REGION DE GALICIA

Copito de Nieve.
Este gorila albino fue capturado en Guinea Ecuatorial y conducido al zoo de Barcelona, donde se convirtió en uno de sus símbolos.

Finalmente, el 12 de octubre de 1968, Guinea Ecuatorial consiguió la independencia. Una comisión de la ONU dio luz verde al proceso de descolonización. Pronto hubo tensiones y los colonos españoles sufrieron actos de violencia y asesinatos. Ante la explosiva situación, el Gobierno de Franco ordenó la evacuación de tropas y colonos en la denominada «Operación Ecuador», desarrollada en marzo de 1969.

Independencia.
Firma de la proclamación de independencia de la colonia española, que se convirtió en la República de Guinea Ecuatorial.

39

El protectorado español en Marruecos

España mira al norte de África

En las últimas décadas del siglo XVIII las relaciones entre Marruecos y España fueron, por lo general, cordiales: ambos países firmaron diversos acuerdos de amistad y comercio.

En las primeras décadas del siglo XIX fueron tantas las dificultades en España que el Gobierno se planteó vender Ceuta y Melilla. No obstante, en poco tiempo se desechó esta idea al revalorizarse su valor estratégico y económico. Además, a partir de 1830 Francia comenzó a establecerse en Argelia, y España vivía con gran inquietud esa creciente presencia francesa en el norte de África.

El 6 de enero de 1848 España respondió a la expansión francesa ocupando las islas Chafarinas.

A mediados del siglo XIX empeoraron las relaciones con Marruecos. Tras ciertos sucesos ocurridos en la frontera de Ceuta, el 22 de octubre de 1859 las Cortes españolas

Ataque a Melilla.
Óleo de Ferrer-Dalmau.

La guerra de África (1859-1860)

ESPAÑA

Gibraltar

Algeciras

Tarifa

Estrecho de Gibraltar

Ceuta

Alto del Serrallo

Los Castillejos

OCÉANO ATLÁNTICO

Tánger

Sierra de Bullones

ANYERA

Cabo Negro

Uad-el-Jelú
31-1-1860

Torre Martín

Wad-ras
23-3-1860

Tetuán
4-2-1860

MAR MEDITERRÁNEO

Larache

REINO DE MARRUECOS

LEYENDA

- ○ Ciudad española
- ● Ciudad británica
- ● Ciudad marroquí
- ✕ Batallas
- → Ataque de las cabilas
- → Desplazamiento del ejército español entre noviembre y diciembre de 1859
- → Desplazamiento del ejército español entre enero y marzo de 1860

Islas Chafarinas.
*En 1848 fueron rebautizadas como islas de
Isabel II, del Congreso y del Rey Francisco.*

declararon la guerra al sultanato
marroquí. La guerra de África, como fue
conocida, suscitó un enorme patriotismo
y una gran popularidad. El ejército
español desplegó su superioridad y
derrotó a las fuerzas marroquíes. El
Tratado de Wad-Ras (Tetuán, 1860),
que puso fin a la guerra, reconocía, entre

otras cosas,
la soberanía
española sobre los
peñones de Vélez
de la Gomera y
Alhucemas.

En estos años
del siglo XIX,

**El general Prim en la batalla de
Tetuán**. *Óleo de Francisco Sans Cabot.*

creció también en España el interés científico y geográfico por África.

En 1880, el presidente Antonio Cánovas del Castillo convocó una conferencia en Madrid en la que se acordó respetar la soberanía de Marruecos y aprobar varios acuerdos comerciales. Pese a todo, Francia continuó ampliando sus dominios en la zona, con la ocupación de Túnez en 1881, a la que siguió la de Egipto por Gran Bretaña en 1882.

La propia España estableció un protectorado sobre el Sáhara en 1884.

Peñón de Vélez.
Marruecos reconoció el dominio español en 1860.

Entre 1884 y 1885 Bismarck convocó la conferencia de Berlín para resolver los problemas que estaban surgiendo en la colonización de África.

Desde octubre de 1893 se sucedieron una serie de enfrentamientos en Melilla que fueron conocidos como «la guerra de Margallo». El conflicto terminó en abril de 1894 con el Tratado de Marrakech. Entre 1900 y 1904 España firmó varios acuerdos con Francia en torno a Marruecos.

Las protestas de Alemania condujeron a la convocatoria de la Conferencia Internacional de Algeciras en 1906, en la cual se aprobó la división de Marruecos, a modo de protectorado, entre Francia y España.

Infografía. *Manuel V. Tamariz.*

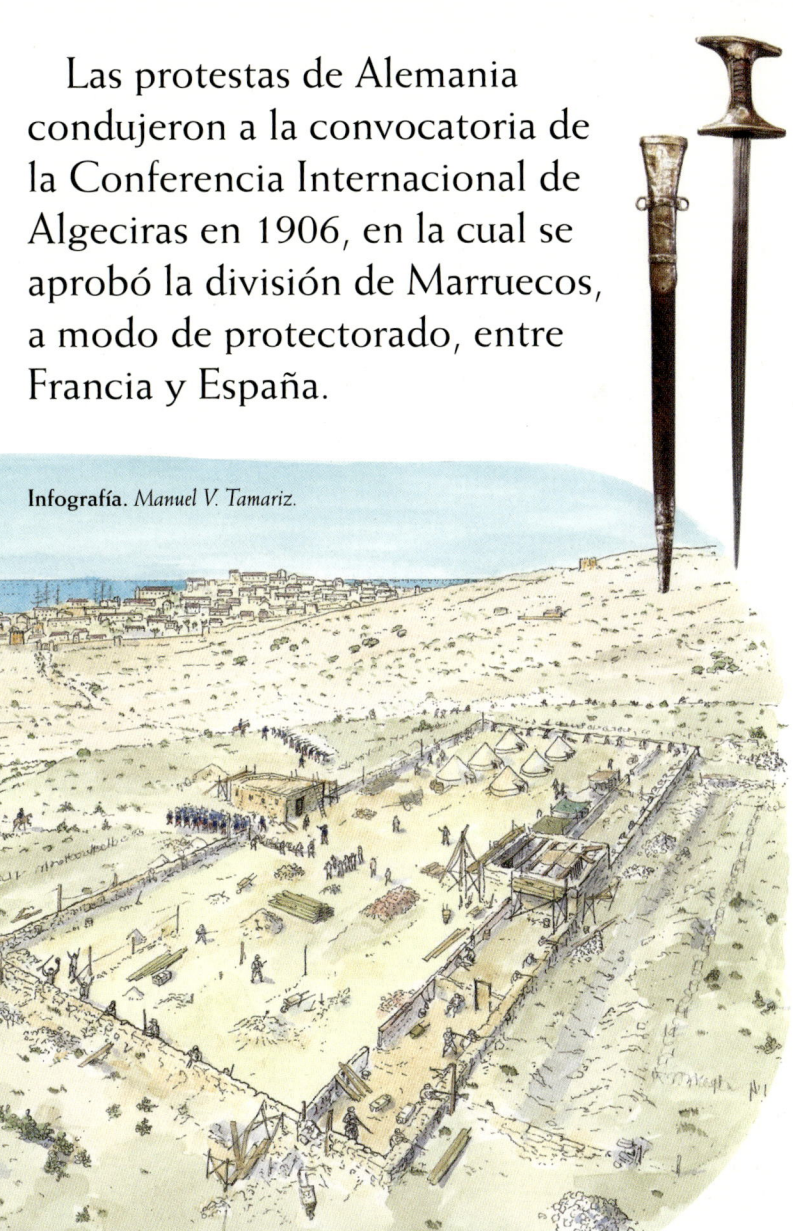

45

Conflicto y protectorado

Los conflictos civiles que padecía Marruecos a comienzos del siglo XX estimularon la colaboración entre España y Francia. En 1907, fuerzas franco-españolas lanzaron operaciones militares en Casablanca. La Compañía Española de Minas del Rif negoció la explotación de minas de hierro próximas a Melilla con El Rogui, un líder nativo enfrentado al sultán.

Guerra de 1909

MELILLA

Lavaderos del mineral

Posada del Cabo Moreno

Barranco del Infierno

Barranco del Lobo

Ait Aixa

Mar Chica

Barranco del Aller

Sidi Musa

Segunda Caseta

Barranco de Sidi Musa

Agresión del 9 de julio

MACIZO GURUGÚ

Sidi Ahmed el Hach

Sidi Ali

Atalayón

MAR MEDITERRÁNEO

LEYENDA

○ *Campamentos*

▬ *Construcciones*

→ *Ataques enemigos*

250 m · 500 m · 750 m

El 9 de julio de 1909 el asesinato de varios trabajadores empleados en la construcción de la vía férrea que llevaba a las minas desencadenó una guerra. El gobernador de Melilla, el general José Marina Vega, ordenó proteger la zona y el Gobierno de Madrid envió reservistas, medida que acarreó graves disturbios en distintas zonas de España (Semana Trágica de Barcelona).

En las primeras acciones las tropas españolas padecieron gravísimas pérdidas en el barranco del Lobo. Posteriormente, en una segunda fase, después de algunas acciones épicas,

Monte Ubayo.
Un oficial y un cabo del Lusitania, con su característico salacot, otean la mar Chica y Melilla. Óleo de Ferrer-Dalmau.

Columna de cazadores.
Patrulla española en misión de reconocimiento en las proximidades de Melilla. Óleo de Ferrer-Dalmau.

como las cargas de caballería en Taxdirt o la acción heroica del cabo Luis Noval, la guerra concluyó victoriosamente con la ocupación de Atlaten. En consecuencia, Melilla pudo ampliar

Estatua del cabo Noval.

Carga de Tardirt.
Óleo de Ferrer-Dalmau.

sus límites por primera vez desde 1497. A pesar del éxito, entre los años 1911 y 1912 estalló un conflicto en las márgenes del río Kert.

El 27 de noviembre de 1912, Francia reconocía a España el territorio de la zona norte de Marruecos y se establecía el protectorado español, con capital en Tetuán.

Por otro lado, las autoridades españolas intentaron comunicar Ceuta con Melilla, pero en el proceso hubo enfrentamientos, como los que se produjeron con El Raisuni, que más tarde se uniría a la causa española.

Paso del Kert.
Caballería española en la región del río Kert.

El protectorado español en Marruecos

La zona en la que España desarrolló su protectorado en el norte del actual reino de Marruecos ocupaba una extensión de 22 790 km². Su anchura máxima de este a oeste alcanzaba los 340 km y 100 km de norte a sur. En 1912, año de establecimiento oficial del protectorado, contaba con una población de 650 000 habitantes, distribuida en unas 70 cabilas de origen bereber.

El área asignada a España era muy montañosa. Geográficamente se puede dividir en tres sectores: el atlántico, u occidental, de clima benigno, más fértil; la zona de Yebala ('montaña' en árabe) y Gomara, región montañosa en el oeste; y el Rif, que tiene su centro en Alhucemas.

El alto comisario era el máximo representante español en el protectorado. La autoridad que representaba al sultán

recibía el nombre de «jalifa». El protectorado constaba de dos zonas: la del norte de Marruecos (Larache, Ceuta y Melilla), y la del sur, también conocida como cabo Juby (actual provincia de Tarfaya, en Marruecos), que durante el dominio hispánico se denominó Villa Bens. El Protectorado Sur hacía frontera con el Sáhara español y al norte con el protectorado francés en el río Draa.

Ceuta. Cuartel del Serrallo.

Con la toma de Xauen en el oeste, en octubre de 1920, el nuevo alto comisario, Dámaso Berenguer, profundizó en el proyecto de comunicar los dos extremos del protectorado. En la franja oriental, el comandante general de Melilla, Manuel Fernández Silvestre, avanzó muy rápido, y con escasa consistencia, con el mismo objetivo. La caída de la posición de Igueriben llevó a la caída de Annual, en el verano de 1921, que Silvestre no supo defender. La retirada fue un desastre descomunal, donde solo estuvo

Carga de Alcántara.
Óleo de Ferrer-Dalmau.

a la altura el regimiento de caballería de Alcántara, que se sacrificó para salvar a sus compañeros. El harca rifeña (ejército irregular), dirigida por Abd el-Krim, masacró a los últimos supervivientes españoles en Monte Arruit. El suceso ha pasado a la historia como «el desastre de Annual» y causó una honda impresión en la opinión pública española.

Final de la guerra y evolución del protectorado

A finales de 1921 el ejército español, con participación de unidades de nueva creación, como la Legión, había

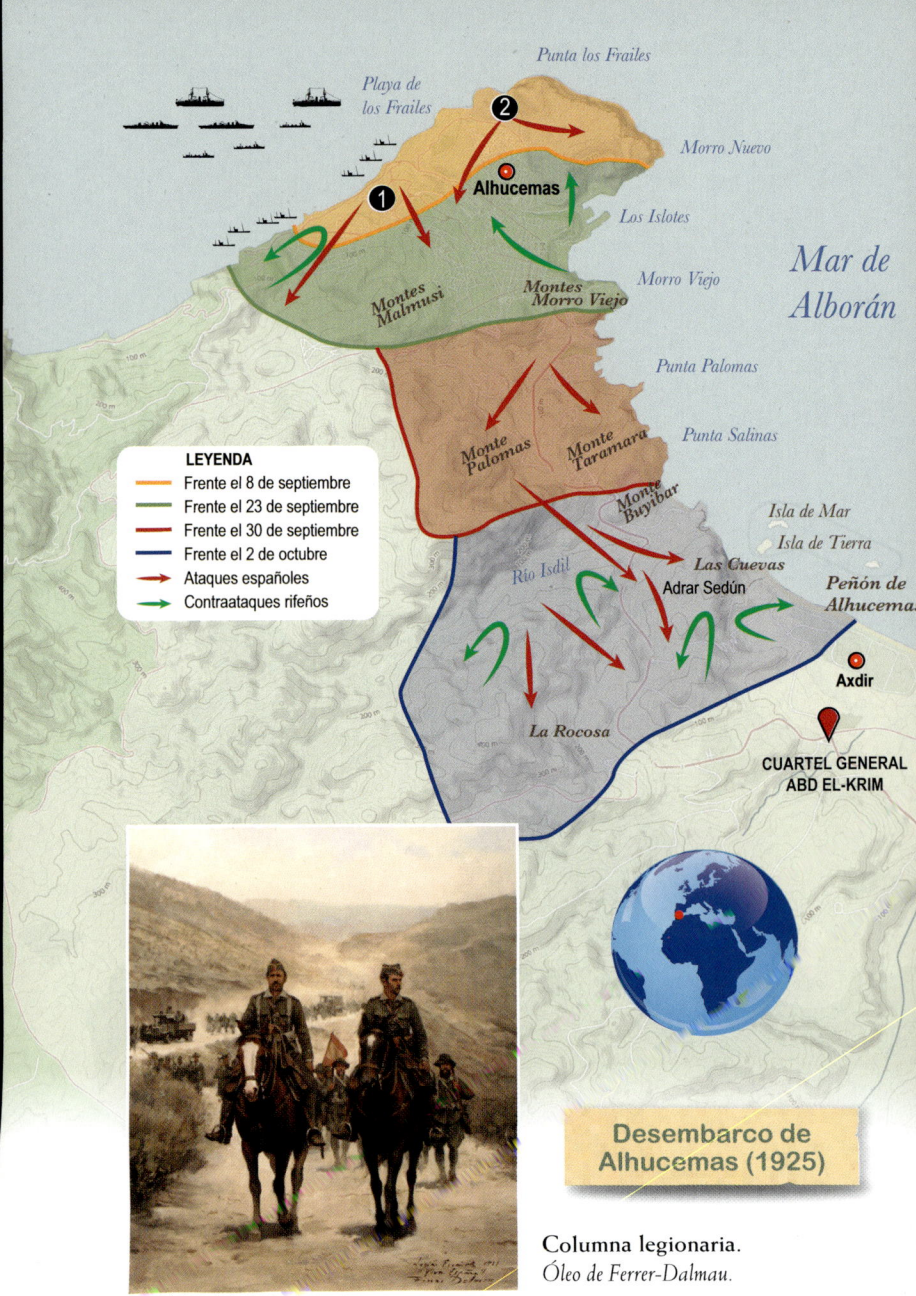

LEYENDA
- Frente el 8 de septiembre
- Frente el 23 de septiembre
- Frente el 30 de septiembre
- Frente el 2 de octubre
- Ataques españoles
- Contraataques rifeños

Punta los Frailes

Playa de
los Frailes

Morro Nuevo

Alhucemas

Los Islotes

Morro Viejo

**Mar de
Alborán**

Montes
Malmusi

Montes
Morro Viejo

Punta Palomas

Monte
Palomas

Monte
Taramara

Punta Salinas

Monte
Buyibar

Isla de Mar

Isla de Tierra

Río Isdil

Las Cuevas
Adrar Sedún

**Peñón de
Alhucemas**

La Rocosa

Axdir

**CUARTEL GENERAL
ABD EL-KRIM**

**Desembarco de
Alhucemas (1925)**

Columna legionaria.
Óleo de Ferrer-Dalmau.

comenzado a recuperar parte del territorio perdido, pero la rebelión rifeña continuó creciendo. En enero de 1924 Abd el-Krim

Abd el-Krim.

proclamó la República del Rif y al poco tiempo atacó la zona francesa. Como resultado, Francia y España decidieron colaborar. El 8 de septiembre de 1925 se alcanzó el éxito en la operación de desembarco de Alhucemas, y, dos años después, el 10 de julio de 1927, se daba por pacificado el protectorado.

El dominio español sobre el protectorado se extendió hasta 1956, año en el que, a excepción de la zona sur, pasó a Marruecos.

El Protectorado Sur, Ifni y Sáhara

Un lento establecimiento

Aparte de la zona norte de Marruecos también hubo presencia española en la franja meridional, en el llamado Protectorado Sur, el territorio de Ifni y el Sáhara.

El Tratado de Wad-Ras de 1860 concedió a España licencia para establecerse en lo que, en tiempos de los Reyes Católicos, había sido la fortaleza castellana de Santa Cruz de la Mar Pequeña, enfrente de las islas Canarias. El problema que se planteó

El capitán Cesáreo Fernández Duro.

durante décadas es que nadie sabía precisar el lugar en el que se encontraba, a pesar de los intentos para localizarlo. El más importante de todos ellos fue el protagonizado por el capitán Cesáreo Fernández Duro.

La presencia española en el Sáhara coincidió con los intentos de localizar Ifni (identificado, sin concretar límites exactos, con Santa Cruz de la Mar Pequeña).

En noviembre de 1884 el explorador Emilio Bonelli, con la adhesión de las tribus circundantes, estableció en el Sáhara varios asentamientos provisionales, como el de Río de Oro (más tarde, Villa Cisneros), entre otros.

Exploraciones españolas en África

A comienzos de la época contemporánea varios exploradores españoles recorrieron distintas regiones de África. Los más destacados fueron Domingo Badía (o Alí Bey), José María de Murga («el moro vizcaíno»), Joaquín Gatell y Folch (o Kaíd Ismail), Manuel Iradier y Bulfy, Cesáreo Fernández Duro y Emilio Bonelli.

LEYENDA

— Exploración de Cervera, Quiroga y Rizzo
— Exploración de Cristóbal Benítez
— Exploración de Emilio Bonelli
— Exploración de Manuel Iradier y Bulfy
— Viaje en hidroavión de Melilla a Guinea

El 26 de diciembre de 1884 quedó establecido un protectorado en el Sáhara  entre los cabos Bojador (26° norte) y Blanco (20° sur). Dos años más tarde los expedicionarios Cervera, Quiroga y Rizzo consiguieron la firma del Tratado de Iyil, por el que la protección española alcanzaba cerca de 700 000 kilómetros cuadrados en el desierto.

No obstante, el Gobierno de Sagasta no confirmó el acuerdo, aduciendo falta de precisión en sus límites, y Francia consiguió la entrega *de facto* de buena parte de esa región.

El asentamiento en Ifni

A comienzos del siglo XX el gobernador de la colonia de Río de Oro, Francisco Bens, consolidó la presencia en el Sáhara

África Occidental Española

PROVINCIA DE SAHARA ESPAÑOL

LEYENDA
- Colonias españolas
- Protectorado norte en Marruecos
- Protectorado sur en Marruecos
- Colonias francesas
- Protectorado francés en Marruecos
- Zona internacional de Tánger

ESPAÑA

Tánger · Ceuta
Tetuán · Melilla

Rabat

Casablanca

MARRUECOS

Gran Atlas

OCÉANO ATLÁNTICO

Agadir

Sidi Ifni · Ifni

Islas Canarias

Tan-Tan · Cabo Juby

Villa Bens
(Tarfaya)

El Aaiún · Saguía el Hamra

ARGELIA

Cabo Bojador

Smara

Desierto

Río de Oro · Sáhara español

del

Villa Cisneros
(Dajla)

Sáhara

MAURITANIA · MALI

La Güera

y estableció el protectorado en el sur, en Cabo Juby (Tarfaya o Villa Bens).

En 1934 el coronel Fernando Capaz, después de 70 años de intentos, comenzó la ocupación de Ifni.

Tras la Segunda Guerra Mundial, el día 20 de julio de 1946, Franco agrupó esos territorios en la llamada África Occidental Española, que existió hasta 1958.

Infografía.
Manuel V.
Tamariz.

Ifni y Sáhara: evolución e independencia

La guerra de Ifni-Sáhara

Después de abril de 1956, año en el que España concedió la independencia a la zona norte del protectorado, en Marruecos, surgieron inquietudes en las poblaciones nativas de Ifni (baamaranis). A comienzos de 1957 aumentaron los sabotajes y las deserciones de algunas unidades nativas. Para complicar más las cosas, la protesta de los saharauis contra un impuesto del Gobierno de Madrid trasladó la inquietud al Sáhara, estimulada también por los baamaranis de Ifni.

Finalmente, en noviembre de 1957 estallaba la guerra de Ifni-Sáhara, que tuvo tres escenarios geográficos: Ifni, el Protectorado Sur y el Sáhara español. Las hostilidades comenzaron en Sidi Ifni con la toma de varias guarniciones por el Ejército de Liberación (EL). Las autoridades españolas dispusieron las operaciones Netol y Gento, con las que a finales de 1957 Ifni quedó bajo control.

La guerra en Ifni
(1957-1958)

LEYENDA
······ Territorio de Ifni en 1957
● Poblados y lugares destacados
Sidi Ifni en 1958
—— Ataque general a Ifni el 23/11/1957
—— Operación Netol
······ Operación Gento

MARRUECOS

Islas Canarias

OCÉANO ATLÁNTICO

Mirleft
Tabelcut
Bifurna
Sidi Borja
Hameiduch
Tiugsa
Sidi Ifni
Ifni
Alat Ida Sugun
Tamucha
Tiguisit
Sidi Moammed Ben Daud
T'Zenin de Amelu
Biugta
Arbaa de Mesti
Sidi Uarsik
Taguensa
Ait Lalaten
T'Zelata de Sbuia
Tugunfet
Bu Izacarem
Anya
Sidi Inno
Uggug
Tiliuin
Guelmim

A comienzos de 1958 el escenario de las operaciones se desplazó al Sáhara, donde el Ejército de Liberación realizó varios ataques. El de Edchera fue el choque más sangriento para el ejército español. España y Francia, esta última interesada en proteger sus vecinas minas mauritanas, diseñaron un operativo conjunto (Teide-Écouvillon) en dos fases, con el que lograron controlar el norte (Aaiún, Villa Cisneros y Smara) y estrangularon la resistencia rebelde hasta asegurar el sur. La guerra terminó con el Acuerdo de Cintra, firmado el 1 de abril de 1958. En él se estipulaba la entrega a Marruecos del Protectorado Sur (Cabo Juby) y la reducción de la extensión de Ifni.

LEYENDA

Colonias españolas
Protectorado español en Marruecos
Marruecos
→ *Columnas españolas. Operación Teide*
→ *Columnas francesas. Operación Écouvillon*
✳ *Principales enfrentamientos*

Islas Canarias

MARRUECOS

Sidi Ifni
Ifni

ATLÁNTICO

Tan-Tan
El Quatía
Villa Bens (Tarfaya)
Cabo Juby
SAGUIA EL HAMRA
El Aaiún
Edchera
Smara
El Farsia
Tinduf
ARGELIA
Sáhara Español
Desierto del Sáhara
Cabo Bojador
Faro
Tifariti
AGT VIDAL
Chelua
Guelta
Bir Mogrein (Fort Trinquet)
Aargub
Villa Cisneros
Bir Nzarán
RÍO DE ORO
Mednet Sedra
Sebja Tennuaca
Zuérate
Auserd
MAURITANIA
AGT SUR
La Güera
Port Étienne

Evolución e independencia de Ifni

El 10 de enero de 1958 el Sáhara Occidental (o español) e Ifni fueron elevadas al rango de provincias españolas. Ifni experimentó un singular desarrollo en los años siguientes. Finalmente, por el Tratado de Retrocesión de 4 de enero de 1969, Ifni fue cedida a Marruecos.

El caso del Sáhara español

El Sáhara Occidental también experimentó importantes transformaciones.

A nivel económico, la más impactante fue la puesta en explotación de los fosfatos por la empresa Fosbucraá, que acarreó profundas mutaciones económicas y sociales. La más significativa fue la aceleración del proceso de sedentarización y, en consecuencia, de urbanización, que contribuyeron a disminuir el milenario nomadismo. La población se concentró en El Aiaún, la capital, Smara, Villa Cisneros y La Güera.

Los saharauis mostraron su disconformidad porque, aunque se les reconoció la ciudadanía española, no disfrutaban de los mismos derechos, padecían altas tasas de analfabetismo y recibían peores salarios.

En consecuencia, aparecieron movimientos a favor de la independencia, como el Frente Polisario. Madrid anunció la celebración de un referéndum bajo los auspicios de la ONU, a lo que se opuso el sultán de Marruecos, Hassan II, que ambicionaba el territorio.

Con el apoyo secreto de Estados Unidos, forzó la invasión pacífica del Sáhara mediante la llamada «marcha verde». El 14 de noviembre de 1975, con Franco clínicamente muerto, se firmaron los acuerdos de Madrid, que establecían una administración tripartita entre Marruecos, Mauritania y España. En febrero de 1976 España abandonó el Sáhara sin cumplir el mandato de la ONU.

El problema del Sáhara

A la salida de España del Sáhara, el territorio se vio envuelto en una guerra del Polisario contra Marruecos y Mauritania. Retirada Mauritania en 1978, Marruecos persistió. Como contaba con mayores medios, se opuso a la celebración del referéndum exigido por la ONU y luchó contra el Polisario. En la primera mitad de la década de 1980, Rabat había acelerado la «marroquinización» del Sáhara y comenzado a levantar muros en el desierto para fragmentar la acción del Polisario. Las negociaciones se prolongaron durante décadas. En 2004 se creyó llegar a un acuerdo cuando el Consejo de Seguridad de la ONU aprobó el «plan Baker», que estipulaba con detalle cuestiones cruciales de reparto de competencias y un referéndum. Sin embargo, Marruecos se opuso y se negó a aceptar cualquier referéndum. Desde entonces el problema del Sáhara permanece estancado.

LEER CON SUSAETA